Birgit Sych · Neid

Gesegnete Lektüre,

Birgit Sych

19.11.04

Birgit Sych

Neid

– zu Risiken und Nebenwirkungen fragen Sie Herz und Seele

johannis

Bildnachweis:
Umschlag: Vogt/E. Geduldig
Innenteil: S. 12: R. Blesch; S. 20: H. Baumann; S. 28: H. Reinhard;
S. 37: U. Schneiders; S. 45: Ch. Palma; S. 49: E. Hennig

Bibliografische Information Der Deutschen Bibliothek
Die Deutsche Bibliothek verzeichnet diese Publikation
in der Deutschen Nationalbibliografie;
detaillierte bibliografische Daten sind im Internet
über http://dnb.ddb.de abrufbar.

Johannis-Geschenktaschenbücher
Die Reihe von Frauen für Frauen 07124

Umschlaggestaltung: Friedbert Baumann
Gesamtherstellung: St.-Johannis-Druckerei, Lahr/Schwarzwald
Printed in Germany 15563/2004

www.johannnis-verlag.de

Inhalt

Einleitung: Was so harmlos beginnt

Gestern war es wieder so weit! Unsere Kinder verließen morgens froh gelaunt das Haus, freuten sich auf das nahende Wochenende und genossen die strahlende Sonne.

Fünf Stunden später sah die Welt ganz anders aus: Der Erste kam aus der Schule zurück; missmutig und mit mürrischem Blick wetterte er auch schon los: »Das ist eine Riesengemeinheit! Ausgerechnet heute, wo wir sowieso nur fünf Stunden haben, gibt's nach der fünften hitzefrei und wir haben überhaupt nichts davon. Warum war's am Montag noch nicht so heiß, als wir bis zur siebten Stunde hatten?«

Bevor ich auch nur ein tröstendes Wort an diesen zerknirschten jungen Mann richten konnte, brauste Lisa in einem Affentempo mit ihrem Fahrrad heran und rief schon von weitem erfreut aus: »Heute gab's hitzefrei! Da fiel Englisch aus; was bin ich froh!«

Das hätte sie lieber nicht sagen sollen. Sofort prasselte der geballte Zorn des Bruders auf sie nieder und Lisa wusste gar nicht, wie ihr geschah: War sie doch ohne eigenes Verschulden in den Genuss des Stundenausfalls gekommen, um den sie jetzt so beneidet wurde!

Was steckt hinter dieser kleinen Begebenheit? Ist es nur normaler, harmloser Geschwisterzoff, der so schnell verfliegt, wie er gekommen ist, oder offenbart dieses so banale, fast alltägliche Beispiel eines der größten Probleme der Menschheit?

Eine Regung, die dazu treibt, zu begehren, was im Besitz anderer ist, zu vergöttern, was unerreichbar fern scheint. Eine Emotion, die im Verborgenen lauert, die Kinder wohlhabender Eltern zu Entführungsopfern machen kann, die Handys, Geldbörsen und Markenkleidung angesichts gezückter Messer auf Schulhöfen oder in Schwimmbädern den Besitzer wechseln lässt, die Atmosphäre vergiftet und Beziehungen zum Scheitern verurteilt – NEID.

Im Nachdenken über die verheerende Kraft dieser inneren Stimme, die pausenlos flüstert: »Lass dich bloß nicht unterkriegen. Schau auf die anderen, denen es viel besser geht als dir«, tauchen in meiner Erinnerung Ereignisse aus Kindertagen auf, die so natürlich, so nachvollziehbar, so ungefährlich scheinen, dass ich ihnen bislang wenig Bedeutung beigemessen habe.

Als etwa 14-jähriges Mädchen beobachtete ich ständig eine Klassenkameradin aus wohlhabendem Elternhaus. Sie war nett, bei allen sehr beliebt (natürlich viel beliebter als ich, wie ich mir einbildete) und trotzdem stets freundlich zu mir. Das nahm ich aber gar nicht wahr: Mein Blick haftete nur auf ihren ständig wechselnden topmodernen Kleidungsstücken, ihren wundervoll gepflegten Haaren und dem schönen Auto, in dem sie oft zur

Schule gefahren wurde. Wie sehr wünschte ich mir damals auch mal ein ganz neues aktuelles Kleidungsstück und nicht das ausrangierte meiner großen Schwester; wie gern wollte ich mein Haar entkrausen lassen, um mit so langem glatten Haar, wie sie es hatte, immer neue Frisuren ausprobieren zu können. Aber leider stieß ich bei meinen Eltern mit sämtlichen Vorschlägen auf Granit. »Wir haben schließlich drei Kinder und müssen alles durch drei teilen.« So lautete stets die Antwort meines Vaters. Für mich war das kein Trost, sondern nur ein trauriger Umstand, den ich nun wirklich nicht ändern konnte und an dem ich – nebenbei bemerkt – auch ganz gewiss nicht schuld war.

So beschloss ich, die beneidete Mitschülerin mit dem Prädikat »ziemlich eingebildet« abzustempeln und den Fall für erledigt zu betrachten. Das war er aber nicht. Denn meine Klassenkameradin scherte sich recht wenig – um nicht zu sagen gar nicht – darum, ob ich ihr wohlgesinnt war oder nicht, auch weiterhin scharten sich alle um sie.

Zurück blieb ich, und zwar doppelt unglücklich: zum einen, weil ich wohl damit leben musste, dass sie viele Dinge besaß, die ich niemals haben würde, zum anderen, weil ich mich wegen meiner negativen Gedanken ihr gegenüber ziemlich isoliert fühlte und dies auch keinem mitteilen konnte, aus Angst, in meinem Neid durchschaut, verlacht, verraten oder angeschwärzt zu werden. Es blieb mir nichts weiter übrig, als meine Gefühle für mich zu behalten und dadurch innerlich ein Stück einsamer zu werden.

Obwohl dieses Kindheitserlebnis meine Schulzeit überschattete, obwohl der Neid eine echte Freundschaft zu dieser Mitschülerin nicht zuließ, erlaubte ich ihm, mich weiter fest im Griff zu halten, mich zu terrorisieren und meine Gedanken und Sinne zu fesseln. Was er mir vorgegaukelt hatte, Glück und Freude, blieb er mir schuldig – stattdessen belohnte er meine »Treue« mit tiefer Unzufriedenheit.

Aus diesem negativen Gefühl entstand mein Wunsch, mehr über das »gelbe Monster« zu erfahren, um vor weiteren Angriffen gewappnet zu sein und die gefährlichen Risiken und Nebenwirkungen für Herz und Seele so gering wie möglich zu halten.

Dem Neid auf der Spur

»Neidisch, das bin ich eigentlich nie – oder zumindest fast nie!« Ist das auch Ihre Überzeugung?

Wenn ja, dann habe ich zwei Nachrichten für Sie. Zuerst die schlechte: »Ich glaube Ihnen nicht!« Und jetzt die gute: »Es gibt Hoffnung!« Wenn es sich der Neid bei Ihnen schon so gemütlich gemacht haben sollte, dass Sie ihn gar nicht mehr wahrnehmen, können Sie ihm trotzdem noch einen Platzverweis erteilen und den unliebsamen Eindringling verbannen.

Wahrscheinlich zieht er weit häufiger die Fäden, als Sie das wahrhaben wollen. Das haben schon andere lange vor uns erkannt: »Ich glaube nicht, dass es ein zu geistiger Reife gelangtes menschliches Wesen gibt, das nicht irgendeinmal von diesem Gefühle in vollem Ernste erfüllt gewesen wäre, und doch habe ich bis jetzt noch keinen getroffen, der anders als im Scherz einzugestehen wagte, sich seiner schuldig gemacht zu haben. Dass wir uns dieses Fehlers so allgemein schämen, ist jener starken Gewohnheit der Heuchelei zu verdanken, durch deren Hilfe wir von der Wiege an gelernt haben, sogar vor uns selbst die ungeheure Macht und all die verschiedenen Abarten unserer Selbstliebe zu verbergen.« Diese Worte, in denen uns der Neid als eine Form der Selbstliebe begeg-

net, stammen aus der Feder des englischen Arztes und Philosophen Bernard Mandeville (1670–1733).

Kaum ein Gefühl begegnet uns in so vielen Redewendungen; denken Sie nur an »Neid schafft Leid« – oder wie gefällt Ihnen »Neid muss man sich hart erarbeiten, Mitleid bekommt man umsonst«? Blättern Sie Ihr altes Märchenbuch durch, so stolpern sie über zahllose Neidgeschichten: Schneewittchen, Aschenputtel, Rumpelstilzchen, Frau Holle ... Diese Reihe ließe sich leicht fortsetzen.

»Spieglein, Spieglein an der Wand, wer ist die Schönste im ganzen Land?« Wie selbstherrlich stellt die Königin täglich diese Frage, wie beruhigt nimmt sie die bestätigende Antwort jedes Mal entgegen. Bis zu dem verhassten Moment, als der Spiegel die grausige Wahrheit offenbart: Es gibt eine noch Schönere! Wie brutal und kampfbereit verfolgt die Enttäuschte jetzt ihr Ziel, die beneidete Gegenspielerin auszuschalten. Leider lässt das Leben die Märchenereignisse zu finsterer Realität werden, wenn Wohlhabendere beraubt, Erfolgreichere ausgetrickst und Beliebtere zu Fall gebracht werden.

Etliche Fabeln warnen uns vor dieser tückischen Emotion des Neides und in Filmdrehbüchern spielt die Enttarnung dieser hässlichen Gesinnung eine tragende Rolle.

Kaum ein Gefühl ist so bekannt und trotzdem so verkannt in seiner zerstörerischen Wirkung.

Neid tritt meist im Gefüge mit anderen Emotionen auf wie Wut, Hass, Angst oder Trauer und wir geraten in eine neidische Stimmung, wenn wir den Eindruck haben, grundsätzlich immer den Kürzeren zu ziehen und hinter allen anderen stets schlecht wegzukommen. Besonders empfänglich für solche Empfindungen sind Menschen in Phasen der Selbstunsicherheit bzw. der Unzufriedenheit mit sich und der Welt.

Am besten lässt sich das Neidgefühl beschreiben als ein Stich, der uns durchfährt, wenn wir Aussehen, Eigentum oder Leistung einer anderen Person bewusst wahrnehmen und uns dann im Vergleich ungerecht behandelt sehen.

Es gibt Situationen, in denen wir Neid als ein Gefühl erfahren, das sich in uns plötzlich bemerkbar macht, dessen Ursache wir aber genau benennen und analysieren können, weil wir sofort erkennen, dass wieder einmal unser wunder Punkt getroffen wurde. Vielleicht haben wir sogar schon auf die quälenden Schmerzen gewartet, weil sie sich doch immer beim Zusammentreffen mit den von uns Beneideten einstellen. Kehren wir von dem Besuch bei Frau X zurück in unser Zuhause, hat sich der Neid bei uns schon längst eingenistet. Plötzlich sehen wir unsere wohl vertraute Umgebung in einem düsteren Licht; uns fallen Mängel auf, die wir nie zuvor gesehen haben. Zurück bleiben ein bitterer Nachgeschmack und der Vorsatz, Frau X so bald nicht wieder zu besuchen. Eigentlich schade!

Der Umgang mit solchem Neid ist trotzdem viel einfacher als mit jenen Neidgedanken, die im Affekt über uns hereinbrechen, deren Ursprung uns aber nicht bewusst ist. Wir spüren nur, dass unsere gute Laune von einem Augenblick auf den anderen verflogen ist, dass uns irgendetwas auf den Magen schlägt und unsere Lebenslust lähmt. Blockiert und antriebsarm verharren wir in Warteposition, verzweifelt grübelnd über die rätselhaften Vorgänge in uns, denen wir ein rasches, aber möglichst effektvolles Ende bereiten wollen, ein Ende, das uns als Sieger hervorgehen lässt aus diesem befreienden Rachefeldzug.

Diese gehässige, innerlich quälende Gesinnung wird bisweilen auch als *Missgunst* bezeichnet. Merken Sie hier, wie schön die deutsche Sprache dieses Phänomen des Neides wiedergibt? Missgunst. Was ich nicht habe, das gönne ich auch keinem anderen, ja, ich missgönne es jedem.

Der Psychologe Stefan Vogel bezeichnet den Neid als eines der letzten Tabus unserer Zeit. Und das ist es, was den Umgang mit diesem Gefühl auch so schwierig macht. Was meint Stefan Vogel damit?

Wenn ich den Stich des Neides in mir spüre, fühle ich mich zunächst einmal schlecht und bin der festen Überzeugung, dass ich im Vergleich mit anderen schlechter wegkomme und dies fatalerweise auch nicht ändern kann.

Das bringt mein Selbstwertgefühl aus dem Gleichgewicht und zwingt mich zu Ausgleichsreaktionen wie zum Beispiel Unzufriedenheit, Ärger, Wut, Feindseligkeit oder gar Gewalt.

Nun sind das ja alles nicht die beliebtesten Reaktionen, also trage ich sie nicht etwa offen, sondern im Verborgenen aus und denke gar nicht daran, mich zu diesem verachteten unsozialen Gefühl des Neides zu bekennen. In unserer Gesellschaft ist man eben nicht offensichtlich neidisch; das führt dazu, dass gerade Kinder, die ihre vergleichenden und für sie so schmerzhaften Gedanken noch frei äußern, dafür gerügt werden. Ihr ohnehin schon angeknackstes Selbstwertgefühl erhält auf diese Weise einen zusätzlichen Stoß und wird sie künftig zu schweigenden Neidern machen. So versteckt kann Neid viel effektiver und rätselhafter an uns nagen, uns lähmen und Beziehungen zerstören.

Es ist also dringend geraten, dem Neid auf die Spur zu kommen, Neidgefühle zu entlarven und mit einem Anti-Neid-Programm zu beginnen.

Neid lauert überall

Natürlich sind nicht für alle Menschen dieselben Güter erstrebens- und beneidenswert. Vielmehr zeigen sich die individuellen Werte gerade an dem, was jemand beneidet. Das sind in der Regel die Dinge oder Fähigkeiten, die man selbst nicht hat, obwohl sie einem doch so wichtig scheinen, dass man glaubt, nicht auf sie verzichten zu können.

Neid tritt aber nicht nur individuell auf, sondern auch kollektiv bedingt, sodass es in einer Gesellschaft oder sozialen Gruppe immer etwas gibt, was für alle ihre Mitglieder gleich beneidenswert ist, eben ein kollektiver Wert.

In Gesellschaften, deren Lebensbedingungen eher unterentwickelt sind, gibt es die kollektiven Neidauslöser Essen, Kinder, Gesundheit. Fehlen diese Güter, so kann es für Familien zu existenzbedrohenden Zuständen kommen. Wenn Hunger immer wieder das Leben bedroht, mehr als die Hälfte aller Neugeborenen nicht das zwölfte Lebensjahr erreichen und somit als Arbeitskräfte und Alterssicherung für die Familie ausfallen und außerdem keine Heilmittel zur Verfügung stehen, um Verletzungen und Krankheiten zu behandeln, so löst das Neid aus auf denjenigen, der ausreichend zu essen hat, der reichlich mit Nachkommen gesegnet ist und gesund bleibt. Die eben genannten Güter werden zwar auch in modernen Wohlstandsgesellschaften noch beneidet, stehen aber nicht im Vordergrund, denn kaum ein Deutscher muss befürchten, am Hungertod zu sterben, die meisten Kinder haben eine hohe Lebenserwartung, und Arzneimittel gibt es in großer Vielfalt.

Beneidet werden vielmehr knappe Güter, die nicht alle oder nur sehr wenige besitzen. Ein Gut also, das früher knapp war und inzwischen von der Mehrheit genutzt werden kann, wird nur selten beneidet.

Galten Computer oder Mobiltelefone vor wenigen Jahren noch als Luxusartikel, fehlen sie heute in fast keinem Haushalt und zählen schon lange nicht mehr zu Neidobjekten. Im Gegenteil: Als ich neulich in der Gegenwart mehrerer junger Menschen mein – zugegeben nicht mehr ganz neues – Handy zückte, erntete ich nur mitleidvolle Blicke und Gelächter. Neid war unter Garantie nicht dabei! Dafür offenbarte der sich anschließende Vergleich aller im Raum vorhandenen Mobiltelefone, wie schnell sich diese Teenager über Notwendigkeit und Nutzen jeder einzelnen Handyfunktion zerstreiten konnten.

Gibt es nun innerhalb der Wohlstandsgesellschaften nationale Unterschiede in der Ausprägung von Neid?

Rolf Haubl, ein Psychologieprofessor, der sich eingehend mit dem Wesen des Neides beschäftigt hat, erzählt dazu gern den folgenden Witz: »Geht ein Amerikaner mit seinem Freund die Straße entlang. Kommt ein großer Cadillac vorbei. Sagt der Amerikaner zu seinem Freund: ›So einen Wagen fahre ich auch noch mal.‹ – Geht ein Deutscher mit seinem Freund die Straße entlang. Kommt ein großer BMW vorbei. Sagt der Deutsche zu seinem Freund: ›Der Typ geht auch noch mal zu Fuß!‹«

Der Witz offenbart zwei Möglichkeiten, mit Neid umzugehen. Die erste ist konstruktiv, denn der Neider gönnt dem Beneideten das Auto. Es ebenfalls zu besitzen ist ein Ziel, das ihn anspornt und zum Nacheifern anregt. Die zweite ist destruktiv. Der neidische Fußgänger missgönnt dem Autofahrer das Gefährt, und weil er glaubt, es sich nie leisten zu können, wünscht er dem Beneideten Schlechtes.

Daraus abzuleiten, dass Deutsche neidischer seien als Amerikaner, erscheint mir sehr oberflächlich. Umso mehr erstaunt es mich, dass Bürger der Ukraine sich selbst für ein neidisches Volk halten. Wenn ein ukrainischer Bauer eine gute Apfelernte hat, dann verbraucht er einen Teil der Äpfel selbst, versucht, die anderen zu verkaufen, und was übrig bleibt, das beißt er an. Befragt nach den Gründen für solch ein Verhalten, vermag niemand in der Ukraine eine Antwort zu geben.

Neben nationalen Unterschieden lohnt es sich, über geschlechtsspezifisch ausgeformten Umgang mit Neid nachzudenken. Der Psychotherapeut Wolfgang Rost nennt in einer Untersuchung der wichtigsten Neidfaktoren in Deutschland große,

schnelle Autos, Geld und die berufliche Karriere an erster Stelle. Während diese Werte bei Männern und Frauen gleich seien, gebe es bei anderen Gütern gravierende Unterschiede. Bei Männern drehe sich in Sachen Neid alles um sie selber, um Macht und Statussymbole. Frauen dagegen seien neidisch auf den Partner anderer oder deren berufliche Stellung.

Bringen wir diese unterschiedlichen Bewertungen zusammen, so liegen Probleme am Arbeitsplatz und in Partnerschaftsbeziehungen klar auf der Hand. Arbeiten Männer unter Vorgesetzten, die ihre Macht ausspielen und bei jeder passenden Gelegenheit ins Gespräch bringen, ist ein angespanntes Betriebsklima vorprogrammiert. Klettern Frauen auf der beruflichen Karriereleiter nach oben, setzen sie sich gegen Mitbewerber aus beiden Geschlechtern durch und haben sie dann leitende und verantwortungsvolle Positionen inne, so können sie sich des Neides ihrer Kollegen und Kolleginnen sicher sein.

Als einziger wirksamer Ausweg aus dieser Neidfalle funktioniert in dem Stadium leider oft nur die Notbremse »Mobbing«, auf deren verheerende Folgen an späterer Stelle noch eingegangen werden soll.

Drei Symptome aus der Nähe betrachtet

1. Der scheele Blick – Neid lebt vom Vergleich

Das Gefühl des Neides kann nur dort entstehen, wo es jemanden zum Beneiden gibt.

Ein altes Wort für Neid lautet Scheelsucht und macht damit deutlich, dass das Schielen auf andere Menschen der Entstehung von Neid vorausgeht.

Der stechende neidische Blick möchte gefräßig dem anderen etwas weggucken. Er ist so schlimm, hinterhältig und gefährlich, weil er täuscht, denn der Kopf weist in eine andere Richtung als die Augen. Es entsteht der Eindruck, als ob man sich von dem beneideten Gut abwende, doch dient dieser Schachzug nur als Beruhigungsmanöver für den Beneideten. Umso leichter lässt dieser sich dann in aller Ruhe beobachten, bevor im geeigneten Moment der Gegenangriff gestartet wird. Der Begriff »Scheelsucht« unterstreicht die krank machende Wirkung des Neides: Die Sucht, sich vergleichen zu müssen, ohne dabei zu beachten, dass oft genug nicht vergleichbare Größen einander gegenübergestellt werden, lässt Neidgedanken aufkeimen und macht sie zu Beziehungskillern. Das ständige Auf- und Abwerten anderer ist ein Kennzeichen von Unreife. Sicher kennen Sie die Kinderfrage: »Mama, wen findest du besser, Nadine oder Josie?« Hüten Sie sich davor, auf solche Fragen zu antworten; Sie setzen damit eine unsinnige Bewertungsspirale in Gang, aus der Sie nur schwer wieder herauskommen. Der innere Unfrieden, der derartige Vergleichsfragen aufkommen lässt, manövriert den Neider in eine Abhängigkeit von seinen Mitmenschen hinein. Dabei wird der Beneidete in den meisten Fällen zum Feind und somit zu einer ständigen Bedrohung, gegen die etwas unternommen werden muss. Fatalerweise verdirbt der Neider es sich oft genug nicht nur mit dem Beneideten, sondern schadet am allermeisten sich selbst. Er fügt sich seelische Schmerzen zu, verschwendet viele unnötige Gedanken an Rachegelüste und Selbstzermarterung.

Als ich kürzlich mit einer fünffachen jungen Mutter über dieses Thema sprach, bekannte sie mir ganz spontan und sehr ehrlich: »Weißt du, ich werde jeden Abend neidisch auf meine jüngste Tochter. Ich wünsche mir so sehr, dass mich mein Mann bei seiner Rückkehr von der Arbeit einmal so überschwänglich begrüßt und knuddelt, wie er das jeden Tag bei ihr macht. Ich beobachte, wie er sie herumwirbelt und wie herzlich die beiden miteinander umgehen. Das freut und stört mich zugleich.« Hier wird die kleine Tochter nicht zur Feindin – das verhindert schon die Mutterliebe –, der Neid erhält aber täglich neue Nahrung und entlädt sich als Enttäuschung über den Neidauslöser, in diesem Fall den Ehemann und Vater. Diese junge Frau muss endlich das Tabu brechen und mit ihrem Mann ins Gespräch über ihre Gefühle kommen.

Dieses Beispiel stellt keinen Einzelfall dar: Immer wieder fühlen sich Frauen bei ihren Ehemännern vor den heranwachsenden Töchtern und später den Schwiegertöchtern zurückgesetzt und wagen es nicht, ihre Gefühle zu äußern.

Auf einem ganz anderen Gebiet tappe ich selbst mit schöner Regelmäßigkeit in der Vorweihnachtszeit in die Neidfalle des Vergleichens, denn Jahr für Jahr kommt Weihnachten für mich so schrecklich plötzlich.

Da gibt es doch tatsächlich Menschen, die bereits im September alle Geschenke gekauft und verpackt haben, die pünktlich zum ersten Advent die Weihnachtsdekoration des Vorjahres wiedergefunden (!), repariert und angebracht haben und in deren unzähligen Keksdosen Unmengen leckerer Gebäckkreationen auf den Verzehr warten.

Das wäre ja noch alles zu verzeihen, würden sie mir nicht zwischen dem ersten und zweiten Advent einen Brief – wohlgemerkt einen Brief (!) – schreiben, in dem sie sich darüber auslassen, wie sehr sie die besinnlichen Stunden bei Kerzenschein, das Basteln und Vorlesen, Nüsseknacken und gemeinsame Musizieren genießen und gar nicht verstehen können, warum andere noch mitten in den Weihnachtsvorbereitungen stecken.

Solche Weihnachtsgrüße lösen in mir mittlere

Erdbeben aus, sprechen sie doch gerade das an, was ich mir so sehr für unsere Familie wünsche und immer vornehme, aber nie erreiche. Bei uns hängt der erste Weihnachtsstern etwa am dritten Advent (dafür darf er bis Mitte Februar an diesem Platz bleiben), Geschenke werden selten vor dem 24. Dezember eingepackt (wie sollte das auch gehen, wenn sie erst am 23. besorgt werden?) und die Geduld für das Keksebacken mit Kindern, die den Plätzchenteig so unökonomisch ausstechen wie meine, bringt nur die Oma auf.

Um nun mein – durch besagte Weihnachtsbriefe auf das Heftigste aus dem Gleichgewicht geratenes – Selbstwertgefühl wieder ins Lot zu bringen, schreite ich zur Racheaktion:

Ich versende in der Woche zwischen Weihnachten und Neujahr Karten, auf deren Vorderseite ich die Worte »Frohe Weihnachten und« durchstreiche, sodass nur noch der Wunsch für ein gutes neues Jahr bleibt. Auf diesen Karten betone ich, wie sehr für mich Hektik und Unruhe, das Eilen durch die Geschäfte am 23.12., das Einpacken und Kochen am Heiligabend etc. zwingend zu Weihnachten dazugehören und mich erst so richtig in die alljährliche Weihnachtsstimmung versetzen. Manchmal frage ich mich, ob ich das mittlerweile selbst glaube oder ob das nur meine Ausgleichsreaktion auf diesen nagenden Neid ist.

2. Mein Haus, mein Auto, mein Boot – Neid entsteht in sozialer Nähe

Kaum eine von Ihnen wird wohl unseren Bundeskanzler beneiden oder der englischen Königin ihr Schloss missgönnen, aber scheel auf den üppig blühenden Garten der Nachbarin schauen, schlecht über die weite Flugreise der Schwägerin reden, das ist uns schon eher vertraut.

Die Werbung nutzt Neidgedanken unter Menschen mit einem vergleichbaren Umfeld für ihre Ziele aus. Denken Sie nur an den Werbespot der Sparkasse, in dem sich zwei gut aussehende junge Männer nach langer Zeit anlässlich eines Klassentreffens wiedersehen und der eine triumphierend drei Fotos zückt, die er dem anderen mit den Worten: »Das ist mein Haus, mein Auto, mein Boot« präsentiert, woraufhin der andere gleich die doppelte Zahl von Fotos zeigt und zuletzt auf seinen fabelhaften Geldgeber verweist. Der Neid auf derartig unbegrenzte Möglichkeiten soll hier zum Antrieb für den Erwerb einer Kreditkarte werden. Oder wie finden Sie den folgenden Slogan: »Gemeinsam den anderen die Schau stehlen«? Ich las ihn in einem Schaufenster für Kindermoden. Hierin steckt die konkrete Aufforderung, sich durch das Tragen dieser besonders schicken und sehr kostspieligen Kleidungsstücke zu Beneideten zu machen. Eine Automarke wirbt mit dem besten »Preis-Neid-Verhältnis«, eine Herstellerfirma von

Damenuhren inseriert: »Keine Panik, Frauen, euer Neid auf unsere Uhren ist etwas ganz Normales« und potenzielle Käufer von Rollläden erfahren, dass sie mit diesem Modell vor allem sicher sind, »außer vor Neid«.

Dabei sind es gar nicht immer materielle Dinge, die Neidgefühle hochkommen lassen:

Es gibt Frauen, die es schaffen, Halstücher mit zwei, drei Handgriffen wunderbar zu binden, während die eigenen immer »verwurschtelt« aussehen.

Anderen gelingt es, das Haar mit wenig Aufwand in Form zu bringen, sodass es klasse sitzt. Quittiert wird diese Kunst vom Neider mit den Worten: „Die stand bestimmt stundenlang vor dem Spiegel." Wer sich perfekt schminken kann, das Makelhafte zu verdecken, das Bewundernswerte herauszuheben versteht, wird als »aufgetakelt« bezeichnet und Menschen mit einer offenen, extrovertierten Lebensart sagt man nach, dass sie sich doch immer nur in den Vordergrund drängen.

Wohlgeratene Kinder, denen das Lernen leicht fällt oder die sehr gern Sport treiben, müssen sich von neidischen Mitschülern und leider auch anderen Eltern anhören, dass sie Streber seien und sich bei den Lehrern einschleimen möchten.

Lassen wir diese scheinbaren Kleinigkeiten, die viele wohl eher als spöttische Witzeleien denn als Missgunst verstehen würden, einmal beiseite und wenden wir uns Größerem zu.

Was sind in der Wohlstandsgesellschaft wie der

unseren außer Geld und materiellem Besitz die beneideten Güter?

➤ Ein Arbeitsplatz? Mittlerweile ja. Auch wenn er sich so gestaltet wie bei meiner Freundin?

Sie muss täglich in ihrem Büro einen hohen Aktenberg bearbeiten. Bei ihrer Halbtagstätigkeit gelingt es ihr nie, den Stapel ganz abzuarbeiten. Sobald sie einige Vorgänge erledigt hat, kommen wieder neue Akten dazu. Diese Frustration macht ihr schwer zu schaffen und lässt tiefen Neid in ihr hochkommen auf diejenigen, die jeden Morgen gern zur Arbeit gehen und Freude an ihrem Beruf haben, während sie selbst tagein, tagaus mit ihrer beruflichen Situation hadert.

➤ Freizeit und Muße? Welch beneidenswertes Gut, wenn es gelingt, die Seele baumeln zu lassen, eine Neuerscheinung zu lesen, solange sie neu ist, den erschöpften, aber zufriedenen Körper nach ausgiebiger sportlicher Betätigung zu pflegen ... Wir könnten wohl alle noch genügend Beispiele anfügen, was wir in Mußestunden unternähmen – allein sie fehlen uns!

➤ Freunde und Unterstützung? In Zeiten, in denen Familien- und Freundschaftsbande lockerer, Beziehungen oberflächlicher und Intrigen immer häufiger werden, auf zuverlässige und vertrauenswürdige Menschen zu treffen, die sich als »Helfer in der Not« erweisen, stellt ein sehr hohes Gut dar, dessen wir uns erst bei Enttäuschung und Vereinsamung bewusst werden.

➤ Aufmerksamkeit und Anerkennung? Wie sehr sind wir darauf angewiesen!

Als im April 2002 mehrere Schüler und Lehrer eines Erfurter Gymnasiums von einem Amokläufer, der sich am Ende selbst richtete, erschossen wurden, recherchierte und spekulierte man lange nicht nur über mögliche Tatmotive, sondern auch über Neid und Profilierungssucht unter der Bevölkerung. Ein Lehrer, der sich dem Täter mutig entgegenstellte, die Schulleiterin und die Schulsprecher – sie alle traten in Talkshows auf, gaben Interviews und wurden wegen des ihnen entgegengebrachten öffentlichen Interesses beneidet und verachtet.

Welch knappes und gerade darum so erstrebenswertes Gut die Anerkennung darstellt, vermag vielleicht ein kleines nettes Beispiel aus der Schule veranschaulichen.

Am ersten Schultag nach den Sommerferien bringt Jennis Mutti für die Sportlehrerin ihrer Tochter eine große selbst gebackene Torte mit. Die Lehrerin fragt verwundert und erfreut zugleich nach dem Grund für diese freundliche Gabe: »Ich möchten Ihnen einfach dafür danken, dass sie sich im vergangenen Schuljahr so um meine Tochter gemüht haben. Jenni war immer so ein schüchternes, zurückhaltendes Kind, das sich nichts zutraute, nur verängstigt zu Boden schaute und kaum aus sich herausging. Sie haben meiner kleinen Achtjährigen im Turnunterricht so viel Mut gemacht, haben sie ermutigt, etwas zu wagen, und dadurch ihr Selbstbewusstsein so gestärkt, dass sie heute ganz verändert ist. Und dafür möchte ich mich bei Ihnen mit dieser Torte bedanken.« Bewaffnet mit Torte und Kuchenmesser, geht die Sportlehrerin nun ins Lehrerzimmer und möchte ihre Freude und die gute Gabe mit allen teilen. Ja, und dort sitzen und stehen sie, die Kollegen. Einige blicken misstrauisch auf den Kuchen, andere lehnen mit fadenscheinigen Begründungen ab; Jennis Klassenlehrerin, die noch nie eine Torte bekommen hat, ist ab sofort auf Diät, während andere fröhlich das ihnen angebotene Stück essen.

Wie hätten Sie sich wohl gefühlt – als Klassenlehrerin, als Sportlehrerin? Macht es Ihnen etwas aus, wenn die Arbeit anderer mehr Anerkennung findet als Ihre?

2.1. Glücklich sind immer nur die anderen!

Die größte Herausforderung für den Neid im 21. Jahrhundert ist aber wohl unumstritten das Glück und die Zufriedenheit anderer.

Mit Menschen konfrontiert zu sein, die trotz unerfüllter Wünsche glücklich sind, die in gelingenden Beziehungen leben, ohne dass man es selbst so erfährt, treibt missgünstige Gedanken auf die Spitze. Wer selbst in permanenter Unzufriedenheit lebt ohne offensichtlichen Anlass dazu, kann es nur schwer ertragen, wenn andere mit weit weniger Möglichkeiten Glück und Zufriedenheit ausstrahlen. Zum Ausgleich seines seelischen Gleichgewichtes muss er krampfhaft etwas Schlechtes in dem Beneideten suchen und es zur Not sogar erfinden. Viel Zeit und Kraft wird darauf verwandt, ein Unglück im Leben des Konkurrenten auszumachen und es mit schöner Regelmäßigkeit gerade auch vor anderen zu beklagen.

Nicht weit entfernt von derartigem Verhalten ist die Schadenfreude, die sogar empfunden werden kann, wenn gar keine direkte Beziehung zu dem Geschädigten besteht.

Das Unglück eines anderen zu erleben freut den Neider schon allein deshalb, weil er dadurch seine eigene Situation, so glücklos sie ihm bisher erschien, in einem anderen Lichte sehen kann.

Ob Sie frei sind von Schadenfreude, können Sie am zuverlässigsten daran messen, ob Ihnen Fernsehsendungen wie »Pleiten, Pech und Pannen« großes Vergnügen bereiten. Hier werden Menschen »wie du und ich« im tollpatschigen Umgang mit moderner Technik oder in kuriosen Situationen gefilmt, was zur allgemeinen Erheiterung beiträgt.

Den psychischen Gewinn, den wir aus solcher Schadenfreude ziehen, hat Friedrich Nietzsche (1844–1900) so beschrieben: »Die Schadenfreude entsteht daher, dass ein jeder in mancher ihm wohl bewussten Hinsicht sich schlecht befindet, Sorge oder Neid oder Schmerz hat: Der Schaden, der den andern betrifft, stellt diesen ihm gleich, er versöhnt seinen Neid.«

Ist Schadenfreude unsere Ausgleichsreaktion auf den Neid, dann hilft sie uns demnach auch, ihn einzudämmen, wenn wir uns bewusst machen, dass jeder, den wir heute beneiden, morgen schon ein Opfer von Pleiten, Pech oder Pannen sein kann.

Trotzdem rechtfertigt das nicht den Neid auf das Glück und die Zufriedenheit. Er treibt uns immer weiter weg von unseren Mitmenschen und macht uns einsam.

Besonders tragisch wird das, wenn Kranke neidisch werden auf Gesunde und sich zusätzlich zu ihren Schmerzen noch die quälenden Fragen stellen, warum es den anderen gesundheitlich so viel besser geht als ihnen selbst und womit sie das nun verdient haben.

2.2. Alles, was du kannst, das kann ich viel besser – Geschwisterneid

In all den bisher genannten Beispielen erfasst der Neid Menschen mit einem vergleichbaren sozialen Umfeld. Die tiefste soziale Nähe und früheste derartige Bindung, die wir eingehen, ist die Geschwisterbeziehung. Hier kann sich der Neid zunächst fast unbemerkt einnisten und dann sein zerstörerisches Werk beginnen. Da wird gebuhlt um den

Platz auf dem Schoß der Mama, da wird fast mit dem Lineal vermessen, ob alle gleich viel Saft bekommen, da werden Fischstäbchen abgezählt, da wird verglichen, wer wie lange etwas allein mit dem Papa unternehmen darf usw. Das geht dann mit fortschreitendem Alter etwas versteckter und nicht ganz so kindlich-kindisch weiter, aber das vorgelegte Tempo bei der Eröffnung von Buffets auf Familienfesten offenbart doch auch sehr genau, wie wenig jeder dem anderen gönnt. Später bei eventuell anzutretenden Erbschaften bricht der Geschwisterneid noch einmal ganz groß auf.

Als ich Kind war, gab es einen bekannten Schlager, vorgetragen von Caterina Valente und ihrem Bruder Silvio Francesco. »Alles, was du kannst, das kann ich viel besser, ja, ich kann alles viel besser als du!«, so tönte es aus vielen Radios und Fernsehgeräten. Die beiden lieferten sich eine erbitterte Aufzählung alles dessen, was sie perfekt beherrschten und worin sie den anderen weit übertrafen.

Die kurze Wortendung »-er«, angehängt an harmlose Adjektive, macht grammatikalisch aus dem Positiv einen Komparativ, im Zusammenleben aber ein dickes »Negativ«. Sie zieht fatale Verletzungen nach sich, und das für die ganze Familie. Aus schön wird schöner, aus hübsch hübscher und aus intelligent intelligenter. Das lässt sich endlos fortsetzen ... Zurück bleiben in jedem Fall ein Sieger, ein Verlierer, genervte Eltern und eine kaputte Atmosphäre.

Geschwisterneid – lassen Sie sich mitnehmen zu einem bekannten klassischen Beispiel von Geschwisterneid, das uns auf den ersten Bibelseiten geschildert wird. »Adam schlief mit seiner Frau Eva, sie wurde schwanger und brachte einen Sohn zur Welt. ›Mit Hilfe des Herrn habe ich einen Sohn geboren!‹, rief sie aus. Darum nannte sie ihn Kain. Ihren zweiten Sohn nannte sie Abel. Abel wurde ein Hirte, Kain ein Bauer. Die beiden wuchsen heran« (1. Mose 4,1 ff). Der Name Kain bedeutet so viel wie »Gewinn, Erworbenes« und drückt den ganzen Stolz der Mutter Eva aus. Das erstgeborene Kind: ein Sohn, er soll stark, mächtig und Herrscher sein. Eva projiziert all ihre Wunschvorstellungen in dieses Kind hinein und wird diesen Sohn auch nach ihren eigenen Zielvorgaben erziehen. Und dann kommt der zweite, Abel, und erhält den Namen »Hauch, Nichtigkeit«.

Welch ein Unterschied, welch eine Herabsetzung! Abel ist in Evas Augen ein Nichts, und auch das wird sich in ihrem Erziehungsstil niederschlagen. Die Rollen unter den Geschwistern sind festgelegt, die Stempel aufgedrückt und der Same für den Geschwisterneid ist gesät. Die ungerechte Erziehung macht Kain zum Bevorzugten und räumt ihm eine familiäre Sonderstellung ein, die er nun ganz selbstverständlich, weil er es nicht anders kennt, auch auf sein Verhältnis zu Gott übertragen will. Aber es kommt ganz anders: »Zur Zeit der Ernte opferte Kain dem Herrn von dem Ertrag seines Feldes. Abel schlachtete eines von den ersten Lämmern seiner Herde und brachte die besten Fleischstücke dem Herrn als Opfer dar. Abels Opfer nahm der Herr an, das von Kain aber nicht.«

Welch peinliche Blamage! Kains Pläne werden jäh durchkreuzt und sein Selbstbewusstsein muss zum ersten Mal eine harte Niederlage einstecken. Das gab's vorher noch nie. Er war stets der Verwöhnte und Hervorgehobene – und nun das! Es ist für Kain unerträglich, nicht beachtet zu werden. Wie reagiert er? »Darüber wurde Kain zornig und starrte mit finsterer Miene vor sich hin.« Kain kann den Anblick seines Bruders nicht länger ertragen. Er glüht vor Neid und bricht durch sein Wegsehen jegliche Beziehung zu Abel ab. Das ist natürlich auch Gott nicht entgangen: »Warum bist du so zornig und blickst so grimmig zu Boden?«, fragt ihn der Herr. »Wenn du Gutes im Sinn hast, kannst du doch jedem offen ins Gesicht sehen. Wenn du jedoch Böses planst, dann lauert die Sünde dir auf. Sie will dich zu Fall bringen, du aber beherrsche sie!« Trotz dieser eindringlichen Warnung Gottes gibt es für Kain kein Zurück. Er erschlägt seinen Bruder und räumt damit den beneideten Konkurrenten aus dem Weg. Doch damit nicht genug. Gott stellt ihn sofort nach dem Verbrechen zur Rede und fragt: »Wo ist dein Bruder?« Kain antwortet mit den Worten: »Woher soll ich das wissen? Ist es etwa meine Aufgabe, ständig auf ihn aufzupassen?« Diese Antwort offenbart die Folgen des Ge-

schwisterneides: Jegliches Verantwortungsgefühl für den anderen, jegliche Nächstenliebe ist erloschen. Kain wird von Gott verstoßen und muss nun heimat- und gemeinschaftslos durch die Welt irren. Sein Neid hat zwischenmenschliche Beziehungen zerstört und ihn einsam gemacht.

3. Neid macht krank

Spätestens am Beispiel von Kain und Abel wird deutlich, dass Neid sehr risikoreich und gefährlich sein kann, ja sogar lebensgefährlich. Dies belegt auch eine Untersuchung über Ursachen für Selbstmorde, aus der hervorgeht, dass in 20–25 % aller Suizidfälle Mobbing am Arbeitsplatz die Ursache ist, ganz zu schweigen von den unzähligen Menschen, die durch Mobbing von schweren Selbstzweifeln geplagt und stark depressiv werden. Hauptursache für diesen Terror am Arbeitsplatz ist Neid. Aus einem Zeitungsartikel geht hervor, dass sogar Chefs mobben, wenn sie ihre Position durch einen fähigen Untergebenen gefährdet sehen oder missliebige Mitarbeiter trotz Kündigungsschutz loswerden möchten. Es gibt bereits Mobbing-Seminare für Führungskräfte von Firmen, die Arbeitsplätze abbauen müssen.

Merken Sie, wo der Neid überall lauert?

Nicht zu Unrecht bezeichnet die Psychologin Verena Kast dieses Gefühl als »grüne und gelbe

Gefahr in unseren Herzen und Köpfen«, während Shakespeare vom »grünäugigen Ungeheuer« spricht.

Der berühmte römische Dichter Ovid (43 v. Chr. bis 17 n. Chr.) hat in seinen *Metamorphosen* vor 2000 Jahren den Neid (lateinisch: *invidia*) sehr treffend charakterisiert. Das lateinische Wort »invidia« ist das Nomen zu dem Verb »invidere«, was mit »sehen, hineinsehen« zu übersetzen ist und den Zusammenhang mit dem scheelen Blick auf den anderen noch einmal veranschaulicht. Ovid schreibt unter anderem über die *invidia*: Das Dach ihres Hauses ist umdunkelt von schwarzem Gifthauch, das Haus liegt verborgen in einem Tal, ohne Sonne, ohne Wind, düster, erfüllt von lähmender Kälte, entbehrt immer des Feuers und hat des Nebels immer die Fülle. Bleiche haust ihr im Antlitz, am ganzen Leib ihr Dürre, nie ein gerader Blick, es faulen gräulich die Zähne, gallengrün die Brust, die Zunge giftunterlaufen. Lachen ist ihr fremd, es sei denn gelockt durch den Anblick von Schmerzen anderer, Schlaf genießt sie nicht, von wachen Sorgen gestachelt; aber zum eigenen Ärger sieht sie Erfolge den Menschen beschieden, siecht im Sehen dahin, zernagt und zernagend in einem, ist ihre Marter sich selbst. Wenn sie sich auf den Weg macht, um jemanden mit ihrer Sucht zu impfen, hält sie einen dornigen rankenumwundenen Stab, ist in schwarzes Gewölk verhüllt, wohin sie auch tritt, dörrt sie die Kräuter aus, versengt die

Spitzen des Wachstums, verseucht Völker, Städte und Häuser.

So weit Ovid mit seiner Charakterisierung des Neides.

Nicht ganz so scharf, doch durchaus ähnlich fällt die Beschreibung neidischer Menschen aus: Auch sie bewegen sich in einem finsteren Lebensraum ohne Platz für Frieden, Lebenslust, Vitalität. Noch heute sprechen wir davon, dass jemand »blass vor Neid« wird. Das verwundert nicht, denn ein Lebensmuster, das nur von der Angst bestimmt ist, nicht gut genug sein zu können, engt auch die Blutbahnen ein und erzeugt somit Blässe und Bitterkeit, gekennzeichnet durch zusammengepresste, schmale Lippen. Der verkniffene Mund spiegelt den Ärger und die Wut wider, die sich der Neider in seinem Neid verkneift. Mit diesem Merkmal ist die Vorstellung verbunden, dass neidische Menschen sich lieber die Zunge »abbeißen«, als ihren Mitmenschen, die sie beneiden, freundliche und anerkennende Worte zu sagen. Vielleicht kennen Sie auch dieses gequälte Lächeln, zu dem sich der Neider zwingt in Anbetracht des beneideten Mitmenschen. Die gespielte gute Miene kann hier nicht glaubhaft über die wahren Gefühle hinwegtäuschen. Auch den Zusammenhang mit der Galle hat Ovid bereits genannt, als er von der gallengrünen Brust der *invidia* sprach. Wir kennen diese psychosomatischen Auswirkungen des Neides aus Redewendungen wie »Er ist gelb vor Neid« (gemeint ist hier eine gelbgrüne Farbe) oder »Ihr läuft die Galle über«. Die Galle gilt in der antiken Temperamentenlehre als organischer Sitz des Neides. Roter Blutfarbstoff wird zu gelbem und grünem Gallenfarbstoff abgebaut. Läuft nun die Galle über, so wird der Abfluss des Blutes gestört. Der anfallende Gallenfarbstoff kann nicht mehr über die natürlichen Wege ausgeschieden werden. Er staut sich zurück und scheint gelblich durch die Haut durch: Es entsteht eine Gelbsucht. Ebenso leiden neidische Menschen an einer Vergiftung, allerdings einer seelischen. Gedanken, die nur noch um das kreisen, was man nicht hat, sind selbstzerstörerisch und auszehrend. Sie können zu Ess- und Schlafstörungen führen. Neid vergiftet den Neider selbst, aber auch die ganze Umgebung bis dahin, dass Häuser, Städte, Völker verseucht werden. Denken Sie nur an Familien, die seit Generationen aufgrund neidischer Auseinandersetzungen miteinander zerstritten sind.

Als unsere Familie immer größer wurde, suchten wir in Berlin ein kleines Baugrundstück, um darauf ein Häuschen zu bauen. Als wir endlich eines gefunden hatten, das in etwa unseren Vorstellungen entsprach, kamen wir mit den zukünftigen Nachbarn zur Rechten ins Gespräch. Sie teilten uns freundlich, aber unmissverständlich mit, dass ein Kontakt unsererseits mit den künftigen Nachbarn zur Linken ewige Feindschaft mit ihnen nach sich ziehen würde; und nicht nur mit ihnen, sondern auch mit drei weiteren Familien in der Umgebung.

Erstaunt über diese scharfe Reaktion, fragten wir nach der Ursache für solch ein Verhalten und mussten erfahren, dass eine Generation zuvor bauliche Veränderungen vorgenommen worden waren, die den Neid der Nachbarn erregt hatten.

Wir haben mittlerweile ein anderes Grundstück gefunden, auf dem wir sehr zufrieden leben, doch entdeckte ich kürzlich während eines Spazierganges, dass besagter Bauplatz noch immer leer steht.

Wie von Ovid bereits geschildert, verbreitet der Neid bis heute eine ganz eigentümliche missmutige und befremdliche Atmosphäre, die Leben lähmt, Wachstum verhindert, Freude nur als Schadenfreude kennt und dabei unaufhörlich nagt. Das Nagetier Neid zerstört damit nicht nur alles Lebendige und Liebenswerte um sich herum, sondern richtet sich systematisch in seinem einsamen Lebenskäfig selbst zugrunde.

Die Diagnose: Woher kommt mein Neid?

Jeder von uns hat sich bewusst oder ganz unbewusst einen eigenen Bewertungsmaßstab zugelegt. Können wir nun das, was uns nach unseren Vorstellungen so wertvoll und begehrenswert erscheint, nicht haben, löst das Neid auf diejenigen aus, denen das möglich ist. Sie kennen wahrscheinlich alle den berühmten Blick zum anderen Ufer; da beneidet die Verheiratete den Single, die Kinderlose schaut scheel auf die Mutter mit den vielen kleinen Kindern, diese denkt wiederum sehnsüchtig und oftmals neidisch zurück an die Zeit vor den Schwangerschaften. Die Älteren beneiden die Jungen um ihre Jugend und Gesundheit, die Jungen blicken neidvoll auf so manchen Besitz der Älteren. Die von ihrem Mann verlassene Ehefrau und Mutter hegt Neidgedanken gegenüber der neuen Freundin des Mannes, die von diesem hofiert und geliebt wird, während sie selbst als Frau auf der Strecke bleibt. Die neue Partnerin aber verfolgt mit argwöhnischem Blick Zeit und Geld, das ihr Partner für die Kinder aus der ersten Ehe ausgeben muss. In all diesen Beispielen beneidet jeder den anderen aus der Distanz um einen Zustand, der in der momentanen Situation nicht erreichbar ist, und es gibt dabei fast nichts, worauf man nicht neidisch sein könnte.

Und doch: Wer auf einem bestimmten Gebiet

keinen Erfolg anstrebt, wird in diesem Bereich auch nicht zum Neider. So wird die Frau, die keine sportliche Karriere verfolgt, wohl kaum neidisch sein auf die emsig joggende Nachbarin, oder wen Motorräder ganz kalt lassen, was tangiert den eigentlich die neue Maschine des Arbeitskollegen – es sei denn, dass unser Selbstwertgefühl bereits so tief gesunken ist, dass wir ohne Unterschied auf alles und jeden neidisch sind.

Es klang bereits mehrfach an – und das sind auch die Hauptursachen des Neides –, *dass der Neider mit sich höchst unzufrieden ist, dass er sich oft genug nicht ausreichend beachtet, geliebt und angenommen weiß.*

Menschen, die sich jahrelang für das Erreichen von Zielen mit hohem persönlichem Einsatz hingegeben haben, die sich aufopferten zum Wohle anderer und dann erleben mussten, wie sie fallen gelassen und abgelehnt wurden, wie sie ausgedient hatten und nicht länger um ihre Meinung gefragt wurden und den Schreibtisch für andere, jüngere, bessere (?) räumen mussten, können davon ein Leidenslied singen.

Das Erleben derartiger Demütigungen und Verletzungen trifft unser Innerstes und lässt tiefen Neid hochkommen auf diejenigen, die unseren Platz eingenommen haben und sich jetzt in das von uns vorbereitete Nest setzen.

Mit der Überbewertung des anderen, des Beneideten, geht die eigene Abwertung einher und

drückt den Neidischen immer tiefer in ein negatives Drehen um sich selbst und die eigenen Wertvorstellungen. Alles, was ich bin, messe ich nur noch an dem Maßstab, den ich mir im neidhaften Vergleichen gesetzt habe. Ich merke dabei gar nicht, wie einseitig und individuell dieser Maßstab gesetzt ist, wie er mich in seinen Bann zieht und mich nur noch in Rasterkategorien denken lässt. Krampfhaft halte ich aber an meinem Maßstab fest, ist er doch das Einzige, was mir bleibt, wenn sich scheinbar alles gegen mich verschworen hat. Wie engstirnig das ist, habe ich am eigenen Leib erfahren:

Eine Zeitlang, und das ist noch gar nicht so lange her, meinte ich immer – nach *meinen* Bewertungsmaßstäben –, dass das Interesse meines Mannes an mir und unseren Kindern sich unter anderem auch darin zeigen müsste, dass er pünktlich und nicht erst mitten beim Zubettbringen der Kinder (wenn überhaupt schon so früh) von der Arbeit nach Hause käme. Ich konnte es nur schwer ertragen, andere Väter an einem ganz normalen Werktag schon vor dem Abendessen mit ihren Familien zu sehen. Ich mied in der Nachmittagszeit Spielplätze, auf denen sich Kinder mit ihren Vätern tummelten. »Die sind vermutlich alle arbeitslos, die Armen«, versuchte ich mir einzureden, aber selbst das half nichts, denn in meinem eingeengten Blick begann ich sogar die Arbeitslosen um ihre viele freie Zeit zu beneiden. Meine Freundin, deren Ehemann jeden Morgen sehr früh das Haus verlässt, kann dafür jeden Nachmittag mit ihm in aller Ruhe Kaffee trinken. Sie bekam hautnah meinen geballten Neid zu spüren in Form von hässlichen Bemerkungen. Es soll übrigens auch Frauen und Kinder geben, denen der Ehemann und Vater oft viel zu früh nach Hause kommt. Ob die wohl mich beneiden?

Meine Wünsche und Erwartungen an meinen Ehemann hatten zwar durchaus ihre Berechtigung, aber mein Bewertungsmaßstab war nicht objektiv. Sein Nicht-nach-Hause-Kommen wurde von mir als mangelndes Interesse an uns ausgelegt, ich fühlte mich von ihm nicht wichtig genug genommen; in meinen Augen schien er seine Arbeit mehr zu lieben als seine Familie und so hielt ich mich für höchst bedauerns- und die anderen Frauen für sehr beneidenswert. Ein gemeinsames Gespräch konnte uns hier helfen und ordnete meine Wertmaßstäbe neu.

Die Therapie: Das Anti-Neid-Programm

Mit der Kenntnis einiger Kennzeichen und Ursachen von Neidgedanken können wir uns nun an eine Therapie wagen. Dazu ein paar Tipps für den positiven Umgang mit diesem negativen Gefühl.

1. Neid spornt an

Habe ich bisher immer von diesem zerstörenden, missgünstigen Neid gesprochen, der Beziehungen killt und etliche psychosomatische Auswirkungen hat, so möchte ich Ihnen gern den durchaus *beflügelnden, produktiven Neid* vorstellen, der anspornt und einen gesunden Ehrgeiz weckt. Besonders im Sport ist dieses Phänomen zu beobachten, dass aus ursprünglichen Neidgedanken über gute Ergebnisse anderer neue Höchstleistungen entstehen. Oder denken Sie an den eingangs erzählten Witz über den Amerikaner und den Deutschen, die zu so unterschiedlichen Bewertungen über die Fahrer großer Autos gelangen. Die Reaktion des Amerikaners gleicht diesem positiven, motivierenden Neid. Genauso kann auch Missgunst, die eigentlich aus Unzufriedenheit erwächst, den Impuls wecken, etwas zu ändern, und damit entscheidend zum Seelenfrieden beitragen. Vielleicht

beneiden Sie jemanden um seine Fingerfertigkeit, um die Leichtigkeit, mit der wunderschöne Blumengestecke entstehen, Servietten gefaltet oder Geschenke verpackt werden. Dann besorgen Sie sich ein Büchlein mit praktischen Anleitungen und probieren Sie einfach mal eines der einfacheren Modelle aus. Vielleicht schlendern Sie auch mal über Hobbymärkte und lassen sich positiv inspirieren von dem, was andere bewerkstelligen können. Mit etwas Geduld werden Sie zum Erfolg gelangen und selbst staunen, wozu Sie und Ihre Finger in der Lage sind. Wie wär's, wenn sich sogar noch weitere unsichere, aber hoch motivierte Hände dazu gesellten?

2. Reden ist Silber, Schweigen ist Gift

Ganz ähnlich positiv und zudem noch äußerst förderlich für die Beziehung zu anderen verhalten sich die Neider, die zu ihrem Neid stehen, die dieses Gefühl klar benennen und es besonders auch dem Beneideten gegenüber bekennen. Könnten folgende Sätze auch über Ihre Lippen kommen? »Wie du vor anderen so frei reden kannst, das möchte ich auch können.« – »So viel Glück, wie du im Leben hast, hätte ich auch gern.« Wenn Sie solche Äußerungen ohne diesen bereits genannten Stich in ihrem Inneren, ohne Bitterkeit, ja ohne Nebenwirkung in Herz oder Seele sagen können, dann befinden Sie sich an der fließenden Grenze zwischen Neid und ehrlicher Bewunderung und hierin liegen großartige Chancen. Klar, dass diese Neider und Neiderinnen mit ihren Äußerungen – sofern sie ganz ehrlich gemeint sind – positive Reaktionen auslösen, dass manchmal gerade solche bewundernden Äußerungen der Beginn einer Freundschaft sein können. Diese neu gewonnenen Beziehungen verbessern ihrerseits das eigene Selbstwertgefühl und führen zur Überwindung der Neidhaltung.

3. Möchte ich wirklich tauschen?

Oft ist es hilfreich, den Blick weg von einem Merkmal des Beneideten auf den ganzen Menschen zu richten. Möchten Sie wirklich ganz in die Haut der beneideten Person schlüpfen? Hat die gut aussehende schlanke Nachbarin nicht vielleicht auf einem anderen Gebiet ein ganz schweres Päckchen zu tragen? Beneidet die Single-Frau, die sich nichts sehnlicher wünscht als eine Partnerschaft, die verheiratete Freundin tatsächlich um diesen Mann? Könnte sie sich vorstellen, mit diesem Exemplar auch alt zu werden, oder ist es nicht vielmehr der Gedanke, dass die andere nicht länger allein ist, der Neid hervorruft? Überprüfen Sie hier einmal in aller Ruhe vorbehaltlos Ihre Neidmotive und Sie werden spüren, wie oft Sie aus vordergründigen spontanen Empfindungen heraus andere – oft zu Unrecht – beneiden.

4. Trauern muss erlernt werden

Als weiteren Tipp zur Überwindung von Neid möchte ich Sie auffordern zu trauern.

Wie bereits anfangs erläutert, wird Neid hervorgerufen durch Dinge, Fähigkeiten, Umstände, die uns begehrenswert erscheinen, die wir aber entweder nicht erlangen können oder von denen wir meinen, meilenweit entfernt zu sein. Und hier zeigt sich die Nähe zu Trauergefühlen, denn Trauer entsteht da, wo wir etwas verlieren, was in unserem Leben einen Wert dargestellt hat. Während der Trauerzeit lösen wir uns dann von dem, was wir verloren haben – und das braucht eben auch seine Zeit – und bereiten uns vor auf ein Leben ohne dieses Wertvolle, das wir loslassen mussten. Wer neidisch ist, kann nicht trauern über das, was ihm fehlt, und es somit loslassen, sondern er lässt die vermeintlichen Verlustgefühle an sich nagen. Damit ist er auch nicht in der Lage, sich auf das zu konzentrieren, was er selbst kann, bereits empfangen hat oder auch neu in Angriff nehmen könnte. Auf diese Weise verhindert der Neid die Trauerarbeit, die zu viel produktiveren Ergebnissen gelangen würde.

Es gibt ein Gebiet, auf dem ich lange Trauerarbeit geleistet habe: Ich wollte immer musikalisch sein. Jahrelang schaute ich argwöhnisch auf Menschen, die musizieren, die gehörte Melodien erfassen und nachsingen können. Wie gern wollte ich ein Musikinstrument erlernen, später dann mit meinen Kindern abends am Bett singen, einstimmen, wenn andere singen. Meine Eltern und danach auch meine Lehrer bescheinigten mir, dass ich die Noten zwar in der Theorie lesen könne, das Umsetzen aber doch sehr zu wünschen übrig lasse. So beschloss ich, zu Hause nur zu singen, wenn ich sicher bin, dass kein anderer in der Nähe ist. Das Anstimmen eines Gutenachtliedes am Bett der Kinder wagte ich nur bei den Allerkleinsten, aus Angst, ihnen sonst etwas völlig Falsches beizubringen. Später verkniff ich es mir, haderte aber ständig mit dieser Situation und ärgerte mich über die ermahnenden Worte meiner Töchter »Mama, mach dich nicht peinlich«, wenn ich, ohne es zu merken, im »Deutschland sucht den Superstar«-Fieber eine Melodie mitgesummt hatte. Das ging mir zu weit! Sehr bewusst verabschiedete ich mich von dem Gedanken, doch noch irgendeine musikalische Saite in mir zum Klingen bringen zu können, und erfuhr Befreiung. Heute kann ich – zumindest auf diesem Gebiet – völlig neidlos große Freude an der Musikalität anderer empfinden.

Als neulich mein Mann völlig unvermittelt zu mir sagte: »Du, ich finde, es ist schon besser geworden mit deinem Gesang«, konnten wir beide aus ganzem Herzen darüber lachen.

Es ist mein tiefer Wunsch, dass es auch Frauen, die ungewollt kinderlos bleiben, gelingen möge, diese Trauerarbeit zu leisten, um unabhängig zu werden von den allmonatlichen Höhen und Tiefen, die sie durchleben und durchleiden müssen und die so viel Kraft verzehren. Wohlbemerkt muss diese Trauerarbeit kein endgültiger Abschied vom Kinderwunsch sein; sie stellt vielmehr eine Aussöhnung mit der jetzigen Situation dar und öffnet den Blick für neue, zuvor kaum wahrgenommene Lichtstreifen am Horizont.

5. Verzicht braucht gute Gründe

Ich komme zu einem weiteren Gedanken, der helfen soll, das Neidproblem unter die Füße zu bekommen. Wenn Sie auf Dinge, die manch einem anderen sehr wertvoll erscheinen, verzichten, dann überlegen Sie sich genau, warum Sie das tun. Sie müssen schon gute Gründe für einen Verzicht haben, um nicht neidisch zu werden. Das klingt vielleicht kompliziert, hilft aber garantiert. Was meine ich damit?

Wenn Sie als Mutter von kleinen Kindern vorübergehend auf eine volle Berufstätigkeit verzichten, einzig und allein aus dem Motiv heraus, dass man Sie nicht für eine Rabenmutter hält, so ist das *kein* guter Grund. Sie werden dann stets neidisch auf die Frauen blicken, die Berufstätigkeit und Muttersein unter einen Hut bekommen. Verzichten Sie aber, weil Sie für sich entschieden haben, dass im Moment die elterliche Prägung der Kinder Vorrang hat und dass Sie mit zwei Autos und einer Tagesmutter für die lieben Kleinen auch nicht viel mehr Geld im Portemonnaie hätten als sonst und dass Sie – und dieser Punkt ist mir sehr wichtig – zu Hause nicht geistig verkrüppeln oder an Ihrer Persönlichkeit Schaden nehmen, so werden Sie völlig neidlos und offen Familien begegnen können, in denen beide Elternteile einer Berufstätigkeit nachgehen. Sie werden in echter Mitfreude erleben, dass diese Familien sich finanziell vielleicht das eine oder andere leisten können, was für Sie nicht drin ist, aber Sie hatten ja tragfähige Gründe für Ihren Verzicht.

Ein weiteres, Ihnen vielleicht nicht ganz unbekanntes Beispiel, das uns auch in der Bibel begegnet, soll diesen Punkt unterstreichen. – Ein junger Mann lässt sich von seinem Vater das Erbe aushändigen, um sich selbstständig zu machen. Er verschleudert sein Vermögen mit zweifelhaften Freunden und in dubiosen Geldgeschäften. Als eine Hungersnot hereinbricht, muss er sich als Schweinehirt anstellen lassen. Ihm geht's dabei so schlecht, dass er in dieser ausweglosen Situation sogar die Schweine um ihr Futter beneidet. Diese Zeit wird zum Wendepunkt seines Lebens. Er erinnert sich in dieser erbärmlichen Umgebung an sein Vaterhaus und daran, dass selbst der niedrigste Arbeiter seines Vaters es besser hat als er. Deshalb beschließt er reumütig, zu seinem Vater zurückzukehren und ihn um eine Anstellung am elterlichen Hofe und um Verzeihung zu bitten. Völlig zerlumpt macht er sich auf den Weg nach Hause. Wie wird sein Vater reagieren? Je mehr er sich dem väterlichen Hof nähert, desto zögernder werden seine Schritte. In der Ferne kann er bereits die Umrisse des Elternhauses erkennen. Bewegt sich dort nicht sogar ein winzig kleiner Punkt vor dem Haus, ein Punkt, der mit jedem Schritt größer wird? Und plötzlich passiert das Unfassbare: Sein Vater, der ihn erwartet hat, läuft ihm entgegen, umarmt und küsst ihn, streift ihm Sandalen über die zerschundenen Füße und legt ihm ein Feierkleid um. Er hebt den vor ihm auf die Knie gefallenen Sohn aus dem Schmutz empor und lässt ihn mit seiner Entschuldigung und der Bitte um Arbeit kaum zu Worte kommen. Überglücklich stellt er ihn nicht etwa als Knecht an, sondern nimmt ihn als Sohn neu auf. Voller Freude über seinen verlorenen Sohn, der nun zurückgekehrt ist, lässt er das gemästete Kalb schlachten und feiert ein großes Wiedersehensfest. So weit, so gut. An dieser Stelle hätte die Geschichte eigentlich ihr verdientes Happy End, gäbe es da nicht noch einen Sohn, den älteren, der die ganze Zeit zu Hause bei seinem Vater geblieben ist, der Tag für Tag, Monat um Monat, Jahr für Jahr geschuftet hat. So arbeitet er auch an diesem Tag fleißig auf dem Feld, und als er am Abend müde zurückkehrt und sich dem Haus nähert, hört er schon von weitem Tanzmusik. Er ruft einen der Diener herbei und erkundigt sich, was da drinnen los sei. Der schaut ihn nur verständnislos an und erzählt begeistert: »Ja, weißt du es denn noch nicht? Dein Bruder ist gekommen und dein Vater hat das gemästete Kalb geschlachtet, weil er ihn gesund wiedererhalten hat.« Daraufhin wird der Ältere zornig und denkt gar nicht daran, sich unter die feiernde Schar zu mischen. Stattdessen kommt sein Vater eilig zu ihm heraus, lädt ihn ein und redet ihm gut zu. Da reicht es ihm und wütend bricht es aus ihm heraus: »So viele Jahre diene ich dir und niemals habe ich ein Gebot von dir übertreten und mir hast du noch nie ein Böckchen gegeben, dass ich einmal mit meinen Freunden fröhlich gewesen wäre. Jetzt aber, wo dieser Nichtsnutz, dein Sohn, gekommen ist, der dein Geld mit Huren durchgebracht hast, hast du ihm das gemästete Kalb geschlachtet.« Der Vater ist erstaunt über die heftige Reaktion seines Sohnes und beschwichtigt ihn: »Aber mein Kind, du bist doch allezeit bei mir, und alles, was mir gehört, gehört auch dir. Aber nun müssen wir doch fröhlich sein und uns freuen, denn dein Bruder war für uns tot und ist wieder lebendig geworden und war verloren und hat zurückgefunden.« (nach Lukas 15)

Was hat der ältere Sohn falsch gemacht? Er hat darauf verzichtet, den Vater um ein Böckchen zu bitten, damit er mit seinen Freunden feiern kann – vermutlich, weil er meint, es zieme sich nicht für einen Sohn, derartige Ansprüche zu stellen, solch ein Begehren sei nicht vereinbar mit seiner Stellung im Vaterhaus. Als er nun feststellen muss, dass sein Vater für den jüngeren Bruder, diesen Nichtsnutz, das fette Kalb schlachten lässt, gönnt er dem natürlich nicht das, was er sich selbst mühsam verkniffen hat. Wie soll er auch? Das ist Neid in Reinkultur, entstanden durch verkrampften Verzicht.

Beneidet werden ist gar nicht so leicht

Diese Geschichte von den beiden Söhnen lässt uns einen kleinen spekulativen Einblick in die Empfindungen des Beneideten nehmen. Es klang bisher immer so, als ob der Neider wirklich nur sich selbst schade. Er trägt zwar meines Erachtens stets die größeren dauerhaften Verletzungen davon, doch bleibt sein Neid nicht ganz ohne Folgen für den Beneideten. Der liebende Vater kann den Neid seines großen Sohnes nicht kommentarlos übergehen, sondern möchte sein Kind dabeihaben. Ob der jüngere Bruder dessen ungeachtet fröhlich feiert, erfahren wir zwar nicht aus der Bibel, ich könnte mir aber gut vorstellen, dass seine Freude stückweise getrübt oder verdorben ist.

Jeder, der schon einmal beneidet wurde, weiß, dass man sich dabei nicht nur gut fühlt. Um die Situation zu entschärfen, greifen Beneidete gern auf verschiedene Reaktionsmuster zurück: Sie reduzieren den Kontakt zu der Person, die sie beneidet, auf ein Minimum und entgehen so einem allzu häufigen Aufeinandertreffen. Sie klagen, dass ihr Leben doch eigentlich auch nicht so schön sei, oder sie beginnen sich zu verteidigen oder gar zu entschuldigen. Es gibt sogar Frauen, die sich ein neues Kleidungsstück kaufen und es dann vier Wochen lang in den Schrank hängen, nur um auf die Frage: »Sag mal, ist das neu?« wahrheitsgemäß antworten zu können: »Neu? Nein, das habe ich schon eine Weile.« Dieses Verhalten zeugt von einer tiefen Sorge, beneidet zu werden und mit dem Neid des anderen nicht richtig umgehen zu können. Bewundernde Äußerungen des Gegenübers werden heruntergemacht aus Angst vor negativen Konsequenzen. Selbst zwei Freundinnen, die sich aus Sympathie das gleiche Kleidungsstück kaufen, können zu erbitterten Konkurrentinnen werden, wenn sie sich gegenseitig unterstellen, mit diesem Outfit mehr Anerkennung und Bewunderung erlangen zu wollen. Sie werden zu Neidern und Beneideten in einer Person.

In Ägypten fahren die Besitzer großer Autos mit einem alten Schuh am Kühler. Diese Aktion soll signalisieren: Eigentlich bin ich gar nicht zu beneiden; ich habe mir öfter die Sohlen durchgelaufen als von diesem Auto profitiert. Ob solch eine Vorgehensweise tatsächlich vor dem Neid der Ärmeren und eventuellen Kratzern im Lack bewahrt, sei dahingestellt.

Offensichtlich ist dagegen, dass all diese geschilderten Reaktionen dem Neider nicht wirklich helfen, sein Problem zu lösen. Im Gegenteil; sie verhärten Fronten und verschlimmern oft nur noch die Neidgedanken.

Angemessen wäre hier stattdessen ein ehrliches Eingestehen all des Guten, was ich kann, besitze oder was mir widerfährt, und ein Herausstellen der

Fähigkeiten und positiven Charaktereigenschaften des neidischen Menschen. Stellen Sie sich vor, es gelänge Ihnen zu sagen: »Ja, es stimmt, ich kann großartige Kuchen backen und das macht mir auch sehr viel Spaß; dafür hast du eine Geduld mit deinen Kindern, die ich mir auch oft wünsche.« Welch große Chancen würden sich eröffnen!

Zu guter Letzt: Gesund werden

Wenn Sie sich Heilung wünschen von quälenden Gedanken, von schlaflosen Nächten wegen des scheinbaren Glückes anderer, wenn Sie einen neuen Anfang machen und ihre Gaben entdecken wollen, dann habe ich eine gute Nachricht für Sie: Jeder Mensch, ob Neider oder Beneideter, ist ein einzigartiges Original, von Gott einmalig und unvergleichbar geschaffen, unendlich geliebt und in seinen Augen für unverwechselbar wertvoll erachtet. Merken Sie, wie diese Worte »einzigartig«, »einmalig«, »unvergleichbar«, »unverwechselbar wertvoll« allem kritischen Auf- und Abwerten diametral entgegenstehen, wie sie uns geradezu verbieten, uns nur im Lichte anderer zu sehen?

Und weil es diesen Einen gibt, dem Sie unendlich wichtig sind, ist es für jeden so nötig, von den eigenen begrenzten Wertmaßstäben wegzuschauen auf Gottes unbegrenzte Maßstäbe, die er als unser Schöpfer allein richtig setzen kann. Diese seine Wertvorstellungen erfahren wir in dem besten Therapieratgeber, den es gibt, in der Bibel. Sie klärt uns darüber auf, wie wir wirklich sind, und holt uns aus der Ichbezogenheit, dem idealen Nährboden von Neid, heraus in ein Leben als Gegenüber Gottes. Denken Sie an den liebenden Vater, der seinen zurückkehrenden Sohn mit weit geöffneten Armen empfängt und ihn für wertvoll und vollkommen erklärt trotz aller negativen Vergangenheit, der ihn eintauchen lässt in sein großartiges Versöhnungsangebot, das ihn wieder Sohn sein lässt.

Erinnern Sie sich noch, wie der Vater aber auch um seinen älteren Sohn wirbt und ihm helfen will, alle Neidgedanken über Bord zu werfen? So wartet Gott auf Sie. Lassen Sie sich einladen, umzukehren und neu dankbar zu sein für das, was Gott Gutes in Sie hineingelegt hat, was er speziell Ihnen an außergewöhnlichen Gaben und Fähigkeiten zugedacht hat, und blicken Sie dann mit eben dieser staunenden Dankbarkeit auf die Andersartigkeit der zuvor noch Beneideten. Im Abladen Ihres nagenden Neides mit all seinen gefährlichen Risiken und zerstörerischen Nebenwirkungen bei Gott werden Sie erleben, wie Herz und Seele eine tiefe Befreiung erfahren und Sie innerlich bereit werden zu neuen Schritten hin zum anderen.

Diese tiefe Geborgenheit und ruhige Zufriedenheit in dem Wissen, persönlich geliebt und geachtet zu werden, wünsche ich Ihnen allen und empfehle bei aufkommenden Neidgedanken: Lesen Sie die Bibel und fragen Sie nicht Ihren Arzt oder Apotheker, sondern Gott als Ihren Vater und Schöpfer. Sie werden staunen, wie er Neid heilen kann.

Literatur

Verena KAST, Neid und Eifersucht. Die Herausforderung durch unangenehme Gefühle, München 1998

Rolf HAUBL, Neidisch sind immer nur die anderen. Über die Unfähigkeit zufrieden zu sein, 2. Auflage, München 2002

Reinhold RUTHE, Beziehungskiller. Wie man Eifersucht, Neid, Rivalität und falschen Ehrgeiz überwindet, Moers 1994

Nur kein Neid, Psychologie heute, Mai 2002

Die Macht eines verkannten Gefühls – Neid, GEO, Juli 2003